Lesen lernen mit Pferdegeschichten

Wendy

Voller Einsatz für Dixie

Schwager & Steinlein

Voller Einsatz für Dixie

„So ist es gut! Ganz ruhig, meine Schöne!"
Wendy redet liebevoll auf ihre Pintostute
Dixie ein.

Dixie lebt erst seit wenigen Wochen auf
Gestüt Rosenborg. Sie ist sehr nervös und
ängstlich. Aber Wendy gelingt es immer
öfter, Dixie zu beruhigen.

Nun taucht Wendys Vater am Putzplatz auf. „Ich muss mit dir reden", sagt er. „Seit Dixie hier ist, macht sie ständig etwas kaputt.

Gestern war es der Zaun, heute die Stalltür." Er blickt Wendy ernst an. „Dixies Verhalten muss sich bald ändern. Sonst kann sie leider nicht bei uns bleiben."

„Aber Paps!", ruft Wendy. „Du weißt doch, dass Dixie früher schlecht behandelt wurde."

Herr Thorsteeg sagt: „Das tut mir auch leid für sie. Aber wir können uns nicht ständig nur um Dixie kümmern." Nach diesen Worten verschwindet er im Stall.

Wendy seufzt. Leider ist Dixie oft noch unberechenbar. Aber das wird sich bestimmt bald ändern!

Heute möchte Wendy mit Dixie ausreiten. Sie sitzt schon im Sattel, als sie ihrer Adoptiv-Schwester Sina begegnet.

Sina hat gerade die Schweine gefüttert.
Aber was ist das? Plötzlich läuft das
Schwein Elmer frei über den Hof!

„Oh nein!", ruft Sina. „Ich habe das Gatter
nicht richtig geschlossen!"

Schnell rennt sie hinter dem Schwein her.
Doch dabei lässt Sina aus Versehen
ihren Eimer fallen.

Der Eimer scheppert laut und rollt auf Dixie
zu. Die Stute scheut und bäumt sich auf.

Wendy kann sich nicht im Sattel halten.
Sie fällt vom Pferd.

Scheuen: So nennt man es,
wenn ein Pferd erschrickt und
zur Seite springt.

Herr Thorsteeg kommt eilig aus dem Stall:
„Um Himmels willen! Hast du dir wehgetan?"

„Nein, nein", sagt Wendy und rappelt
sich auf. „Mir geht's gut."

Ihr Vater blickt sie ernst an. „Es tut mir leid",
sagt er. „Aber ich muss Dixie verkaufen. Ich
kann nicht zulassen, dass dir etwas passiert."

Am nächsten Tag kommt ein Paar, das Dixie kaufen möchte. Herr Thorsteeg führt die Besucher in den Stall. Aber Dixie ist nicht da!

An der Boxentür hängt ein Zettel von Wendy. Darauf steht: „Ich bin mit Dixie ausgeritten. Bitte sei nicht böse!"

Am Abend entschuldigt sich Wendy bei ihrem Vater.

„Ich kann nicht zulassen, dass du Dixie verkaufst", sagt sie. „Aber ich habe eine Idee. Ich könnte Dixie zu dem Pferdeflüsterer Jojo bringen. Bestimmt kann er ihr helfen, ihre Angst zu überwinden."

Pferdeflüsterer: Ein Pferdeflüsterer verständigt sich so mit den Pferden, wie sie es auch untereinander tun.

Herr Thorsteeg zögert. „Also gut", sagt er dann. „Ich gebe dir eine Woche Zeit. Wenn sich Dixies Verhalten bis dahin gebessert hat, dann darf sie hierbleiben."

Wendy ist sehr erleichtert. Dixie bekommt noch eine Chance!

Am nächsten Morgen fragt Wendy den Pferdeflüsterer Jojo um Rat.

Bei Jojo lernt Dixie, dass sie den Menschen vertrauen kann. Allmählich legt sich ihre Angst. Die Stute wird immer ruhiger.

„Jetzt würde Dixie nicht mehr vor einem Eimer erschrecken", sagt Wendy zufrieden.

Aber manchmal ist die Stute trotzdem noch ängstlich. Sie braucht noch mehr Zeit! Ob Wendys Vater das wohl versteht?

Nach einer Woche ist es so weit: Wendy muss mit ihrem Vater über Dixie sprechen.

Doch genau an diesem Tag ist plötzlich Elmer verschwunden – das Lieblingsschwein von Gunnar Thorsteeg! Die ganze Familie sucht nach dem Schwein. Aber Elmer taucht nicht auf.

Wendy verschiebt das Gespräch über Dixie. Jetzt müssen sie erst einmal Elmer finden!

Beim Abendessen hat niemand Hunger.

„Es ist meine Schuld, dass Elmer weg-
gelaufen ist", sagt Sina. „Bestimmt habe
ich nach dem Füttern das Tor nicht richtig
zugemacht."

Heike Thorsteeg meint: „Mach dir keine
Vorwürfe, Sina! Möchte vielleicht jemand
ein Stückchen Kuchen essen?"

Da hat Wendy eine Idee. „Kuchen!", ruft sie. „Das ist die Lösung! Ihr wisst doch, wie sehr Elmer süße Sachen liebt. Vielleicht können wir ihn damit anlocken."

Wendy und Sina machen sich gleich auf den Weg. Sie reiten mit ihren Pferden Penny und Pablo los. Unterwegs führt Sina die Pferde am Zügel. Wendy streut überall Kuchenkrümel auf den Boden. Natürlich führen alle Kuchenspuren nach Rosenborg!

Nun reiten die Mädchen wieder nach Hause.
Alle warten gespannt ...

Bald kommt Elmer angelaufen.
Er folgt der Spur aus Kuchenkrümeln.
Elmer schmatzt laut, während er sich
den Kuchen schmecken lässt.

„Juhu!", jubelt Wendy. „Unser Plan
ist aufgegangen!"

Wendys Vater ist sehr froh. Er umarmt
sein Lieblingsschwein und knuddelt es.

Dann sperrt Herr Thorsteeg den Ausreißer
wieder ein. Doch was ist das? Kurz darauf
öffnet Elmer mit seinem Rüssel den Riegel!
Er drückt das Tor auf und spaziert einfach
wieder aus dem Gehege!

Sina ruft: „Also habe ich das Tor gar nicht offen gelassen! Elmer hat es selbst geöffnet!"

„Aber damit ist jetzt Schluss", sagt Herr Thorsteeg. Er holt sein Werkzeug und befestigt einen neuen Riegel an dem Tor.

„Den bekommt Elmer nicht mehr auf", sagt Wendys Vater zufrieden.

Am nächsten Morgen zeigt Wendy ihrem Vater, wie gelassen Dixie inzwischen ist.

„Sie hat bei Jojo große Fortschritte gemacht", sagt Wendy. „Aber manchmal ist Dixie immer noch schreckhaft. Bitte, Paps – gib uns noch etwas Zeit!"

Herr Thorsteeg meint: „Für Tiere braucht man oft viel Zeit. Sie benehmen sich nicht immer so, wie wir es wollen. Das hat uns gestern Elmer gezeigt. Und es gilt auch für Dixie." Er lächelt Wendy an. „Du hast dich gestern sehr zurückgenommen, als Elmer weg war. Deshalb möchte ich dir nun auch genug Zeit für Dixie geben. Sie darf bei uns auf Rosenborg bleiben!"

„Vielen Dank!" Wendy ist überglücklich.

Dixie spitzt die Ohren und schnaubt leise. Endlich hat sie ein Zuhause gefunden!

Überleg mal!

1. Wovor erschrickt Dixie so, dass sie Wendy abwirft?

M: vor einem Schwein
N: vor Wendys Vater
P: vor einem Eimer

2. Wie heißt der Pferdeflüsterer, der Wendy hilft?

D: Lulu
E: Jojo
F: Solo

1. Womit lockt Wendy das ausgebüxte Schwein nach Hause?

K: mit Brot
N: mit Kuchen
R: mit Keksen

4. Wie heißt das Pferd
   von Sina?

   N: Pablo
   S: Poncho
   T: Nando

5. Wer öffnet beim Schweine-Gehege
   das Tor?

   X: Sina
   Y: Elmer
   Z: Wendy

Trage die Lösungsbuchstaben hier ein.
Dann erfährst du, welches Pferd im nächsten
Kapitel eine wichtige Rolle spielt.

1   2   3   4   5

Zu viel des Guten

Heute ist für Wendy ein wichtiger Tag.
Sie fährt mit ihrer Stute Penny zum
Olemünder Springturnier.

„Ich drücke euch die Daumen", sagt
Wendys Mutter. „Viel Glück!"

„Danke, Mama", antwortet Wendy.
„Glück können wir gut gebrauchen!
Penny ist heute ein bisschen unruhig."

„Mach dir keine Sorgen!" Frau Thorsteeg
lächelt Wendy an. „Auf dem Turnier ist
sie sicher wieder ganz die Alte!"

Auch Jerry und Christian fahren zum Turnier.
Christian hat dort im letzten Jahr gewonnen.
Er will unbedingt wieder der Beste sein und
versucht Wendy zu ärgern.

„Erinnerst du dich an letztes Jahr?
Da hast du den Druck des Turniers nicht
ausgehalten!", sagt Christian zu Wendy.

„Das stimmt doch gar nicht!", ruft Wendy.
„Penny hat gelahmt – deshalb bin
ausgestiegen."

Lahmen: Wenn einem Pferd ein Bein
wehtut, dann lahmt es. Dabei tritt es
mit dem kranken Bein nicht richtig auf.

Jetzt ertönt eine Durchsage: „Willkommen zum vierten Tag unseres Springturniers! Es finden noch zwei Wettbewerbe statt – einer heute und einer am Sonntag. Dann stehen die fünf besten Reiter fest. Diese fünf dürfen zur großen Meisterschaft fahren."

Christian ruft: „Und ich bin ganz sicher einer davon!" Er winkt den Freunden zu und reitet zum Springplatz hinüber.

Bald wird Christian an den Start gerufen.
Er und sein Pferd Sultan meistern den
Parcours ohne Fehler.

Jerry hat weniger Glück. Sein Pferd Bajan
reißt eine Hindernisstange herunter.

Parcours: Ein Parcours besteht
aus verschiedenen Hindernissen.
Die Pferde müssen darüberspringen.

Nun ist Wendy an der Reihe.

Penny springt mühelos über die ersten
Hindernisse. Aber dann passiert es:
Penny läuft an einem Hindernis vorbei!
Wendy nimmt einen neuen Anlauf. Diesmal
klappt es: Christian liegt auf dem ersten
Platz. Wendy landet auf dem zweiten Platz!

„Was ist nur mit Penny los?", fragt sie sich nach der Prüfung. Die Stute hat kein Fieber und keine Verletzung – aber irgendetwas stimmt mit ihr nicht!

Am Abend schaut der Pferdepfleger Flavio nach Penny. Doch auch er findet keinen Hinweis auf eine Krankheit.

„Mit Penny ist alles in Ordnung", meint Flavio. „Vielleicht hat sie heute einfach einen schlechten Tag."

Wendy grübelt hin und her. Dann fasst sie einen Entschluss: Sie wird nicht am letzten Wettbewerb des Springturniers teilnehmen!

Christian grinst, als er das hört. „Siehst du", sagt er. „Du hältst dem Druck nicht stand!"

Wendy ärgert sich über Christian.
Aber sie bleibt bei ihrer Entscheidung.

Am nächsten Tag reitet sie mit Jerry aus.

„Überleg es dir doch noch einmal", bittet
Jerry. „Heute wirkt Penny wieder ganz fit."

Das stimmt! Zufrieden stapft die Stute
durch den Wald.

„Ich weiß nicht", sagt Wendy. „Wenn sie
sich nicht wohlfühlt, will ich mit Penny
nicht springen."

„Aber vielleicht fehlt ihr ja gar nichts!",
ruft Jerry. „Komm, wir springen mal über
das Gatter dort vorne! Dann sehen wir,
wie Penny sich verhält."

Jerry reitet im Galopp davon.

Wendy zögert einen Augenblick lang.
Dann galoppiert sie hinterher.

Es klappt! Schwungvoll springt Penny über das Gatter. Wendy strahlt.

„Ich glaube, Penny hat wieder Spaß am Springen!", ruft sie.

„Du solltest morgen wirklich starten", sagt Jerry. „Du liegst in der Gesamtwertung auf Platz zwei. Komm schon, Wendy – lass mich nicht im Stich!"

Wendy meint: „Aber wenn ich nicht starte, hast du viel bessere Chancen."

„Das ist mir egal", sagt Jerry. „Ich liege auf Platz vier. Bestimmt gehöre ich zu den fünf Reitern, die zur Meisterschaft fahren dürfen."

Wendy überlegt lange, was sie tun soll. Wenn Pferde doch nur sprechen könnten!

Am nächsten Morgen wirkt Penny völlig gesund. Nun ist Wendy sicher: Sie nimmt am letzten Wettbewerb des Turniers teil!

Christian macht große Augen, als Wendy mit Penny auftaucht.

„Was willst du denn hier?", fragt er.

Wendy sagt: „Ich habe es mir anders überlegt. Ich starte doch!"

Aber bald bereut sie ihre Entscheidung!

Kurz nach dem Start bleibt Penny mitten
im Parcours stehen! Statt über die Mauer
zu springen, knabbert sie am Grünzeug
herum. Wendy kämpft mit den Tränen.
Sie springt aus dem Sattel.

Der Ansager ruft: „Wendy steigt aus der
heutigen Prüfung aus. Damit zählen nur die
Punkte der letzten Tage für ihr Endergebnis."

Wendy ist froh, als sie wieder zu Hause ist.
Sie führt Penny auf die Weide. Aber Penny
will jetzt nicht grasen!

Immer wieder stupst sie Wendy an.
Doch die möchte ihre Ruhe haben.

Da taucht Wendys Mutter auf. Sie sagt:
„Sieh nur – Penny hat dir einen Ball
gebracht. Ich glaube, sie will spielen!"

Erstaunt dreht Wendy sich zu Penny um.
Die Stute schubst den Ball mit der Nase
zu Wendy hinüber.

„Du hast recht, Mama!" Wendy muss lachen.
„Penny will mit uns spielen!"

Wendy kickt den Ball zurück. Penny gibt ihn
an Wendys Mutter weiter. Und schon rollt
der Ball kreuz und quer über die Wiese!

„Das hat Spaß gemacht", sagt Wendy am Abend zu Penny. „Du Arme! Ich habe dich die ganze Zeit nicht verstanden. Du hattest einfach keine Lust mehr auf Turniere, stimmt's?"

In diesem Augenblick kommt Jerry in den Stall. „Hey, Wendy!", ruft er. „Stell dir vor: Wir dürfen alle zur Meisterschaft fahren! Deine Punkte aus den ersten vier Prüfungen haben für den fünften Platz gereicht!"

Wendy freut sich sehr. Trotzdem muss sie
erst einmal Penny etwas versprechen.

„Die nächsten Wochen nehmen wir uns frei",
sagt Wendy leise. „Was hältst du davon?"

Penny reibt ihren Kopf an Wendy. Das ist
endlich mal eine richtig gute Idee!

Überleg mal!

1. Wie heißt das Pferd
   von Christian?

   H: Sultan
   J: Saturn
   K: Sindbad

---

2. Wie viele Reiter dürfen
   zur Meisterschaft fahren?

   N: 1 Reiter
   M: 3 Reiter
   L: 5 Reiter

3. Wer untersucht
   Penny im Stall?
   E: Jerry
   F: Flavio
   G: Christian

4. Vor welchem Hindernis bleibt
   Penny stehen?

T: Mauer
S: Wassergraben
P: Oxer

5. Auf welchem Platz landet Wendy
   nach allen Prüfungen?

D: auf dem 2. Platz
F: auf dem 3. Platz
R: auf dem 5. Platz

Trage die Lösungsbuchstaben hier ein. Dann
erfährst du, wie ein wichtiger Gegenstand
zum Führen und Anbinden von Pferden heißt.

	A				E	
1		2	3	4		5

Die Geisterjagd

Es ist ein sonniger Tag auf Gestüt Rosenborg. Wendy und Bianca unternehmen einen Ausritt.

„Schau mal!", sagt Wendy. „Hier hat man einen tollen Blick ins Tal."

Plötzlich werden die Pferde nervös.
Dixie und Prinz schauen sich ängstlich um.

Vom Waldrand dringt lautes Hufgetrappel
zu ihnen herüber. Dann huscht ein seltsamer
weißer Schatten an ihnen vorbei! Blitzschnell
verschwindet er im Wald.

„Was war das denn?", fragt Bianca mit
zitternder Stimme.

„Ich habe keine Ahnung", meint Wendy.
„Komm, wir reiten hinterher und sehen nach."

Aber Bianca hat Angst. „Lass uns lieber
nach Rosenborg zurückreiten", sagt sie.

Wendy gibt nach. Die Freundinnen machen
sich auf den Heimweg. Zu Hause berichten
sie, was sie gesehen haben.

„Das klingt spannend", meint Jerry.
„Los, wir reiten noch mal in den Wald!"

Doch Christian schüttelt den Kopf. „Also, ich
glaube nicht an Geister", sagt er. „Das haben
sich die Mädchen bestimmt nur eingebildet."

Christian denkt sich einen gemeinen Plan
aus. Leise erzählt er Vanessa davon.

„Du musst Wendy, Bianca und Jerry nur
auf den Weg zum Hügel locken", flüstert er.
„Den Rest erledige ich."

Kurz darauf machen sich Jerry, Vanessa und Wendy auf den Weg.

Bianca sagt: „Ich komme auch mit! Jetzt haben wir ja Jerry als Beschützer dabei."

Im Wald sieht alles aus wie immer. Keine Spur von einer weißen Erscheinung!

„Kommt, wir reiten zum Hügel hinüber", drängt Vanessa.

Aber die anderen wollen nicht dorthin reiten.

„Du weißt doch, dass wir auf den Haupt-
wegen bleiben sollen", sagt Wendy.

Vanessa reitet beleidigt davon. Sie ärgert
sich. Denn bei dem Hügel im Wald will
Christian den anderen einen Streich spielen!

Wendy, Jerry und Bianca schauen überall
nach dem weißen Schatten. Aber vergeblich!

„Seid ihr sicher, dass dieser Schatten nicht nur ein bisschen Nebel war?", fragt Jerry.

„Ganz sicher", antwortet Wendy. „Und wir haben ja auch das Hufgetrappel gehört."

In diesem Augenblick zuckt ein heller Lichtstrahl durch die Bäume. Kurz darauf ertönt das laute Geheul einer Sirene.

Die Pferde erschrecken sehr.
Voller Angst galoppiert Prinz davon.

„Hilfe!", ruft Bianca. „Prinz geht durch!"

Wendy zögert keine Sekunde. Mit Dixie schneidet sie Biancas Pferd den Weg ab.

Durchgehen: So nennt man es, wenn ein Pferd im Galopp davonstürmt und sich nicht mehr bremsen lässt.

Wendy springt vom Pferd. Sie läuft zu ihrer
Freundin hinüber. „Du brauchst keine Angst
mehr zu haben", sagt Wendy. „Prinz hat nur
einen Schrecken bekommen. Das war alles!"

Bianca und ihr Pferd beruhigen sich wieder.

„Was war das für ein Licht?", fragt Bianca.
„Und woher kam dieses seltsame Heulen?"

Darauf weiß Wendy auch keine Antwort.

Plötzlich raschelt hinter ihnen etwas im Gebüsch. Dixie erschrickt. Sie galoppiert mit wehenden Zügeln davon!

„Oh nein!", ruft Wendy und rennt hinter ihrem Pferd her.

Aber Dixie ist schneller. Bald verschwindet sie zwischen den Bäumen.

Zur gleichen Zeit kommt Vanessa bei dem
Hügel im Wald an. Dort wartet Christian
auf sie. Er hat eine Taschenlampe und
eine Sirene dabei.

„Und?", fragt Christian. „Habe ich den
Geisterjägern einen Schrecken eingejagt?"

„Das weiß ich nicht", sagt Vanessa.
„Sie wollten nicht in diese Richtung reiten."

Da hallt auf einmal ein seltsames, röhrendes Geräusch durch den Wald. Die Pferde von Vanessa und Christian bäumen sich auf.

Aufbäumen: Ein Pferd bäumt sich auf, indem es sich auf die Hinterhufe stellt. Die Vorderbeine sind dabei in der Luft.

Christian kann sich nicht im Sattel halten.
Er stürzt zu Boden. Sein Sultan stürmt davon.

„Christian!", ruft Vanessa und springt vom
Pferd. „Ist dir etwas passiert?"

Aber Christian antwortet nicht. Er ist gegen
einen Holzstapel geprallt. Dabei hat er
das Bewusstsein verloren.

Vanessa will Hilfe rufen. Doch ihr Handy
hat keinen Empfang!

Vanessas Herz rast. „Wir müssen sofort Hilfe holen", sagt sie zu ihrem Pferd Tarik. Schnell schwingt sie sich in den Sattel.

Unterwegs trifft Vanessa auf Wendy und die anderen. „Christian ist verletzt!", ruft sie. Eilig erzählt sie, was passiert ist.

Wendy sagt: „Am besten schauen wir nach Christian. Und du reitest zurück nach Rosenborg und holst Hilfe."

Bald finden Wendy, Bianca und Jerry den Verletzten. Zum Glück ist Christian nicht mehr bewusstlos.

„Gut, dass ihr da seid", sagt Christian. „Mein Knöchel tut so weh!"

Jetzt hören die Freunde ein lautes Röhren. Wendy geht um den Holzstapel herum. Da stockt ihr der Atem: Vor ihr steht ein wunderschöner weißer Hirsch! Er sieht aus wie ein Fabelwesen.

„Was machst du denn hier?", fragt Wendy und geht langsam auf ihn zu. Da sieht sie, dass sich sein Geweih in einem alten Draht verfangen hat.

„Du bist also die weiße Gestalt, die uns so erschreckt hat", sagt Wendy zu dem Hirsch.

Vorsichtig streift sie den Draht von dem Geweih. Der Hirsch ist wieder frei!

Sofort verschwindet er im Wald.

Christian sagt: „Nicht nur der Hirsch hat euch erschreckt. Das mit dem Licht und der Sirene war ich. Es tut mir leid. Ich wollte euch nur einen Streich spielen."

„Schon gut", meint Wendy. „Jetzt müssen wir dich erst einmal heimbringen."

Die Freunde helfen Christian auf den Rücken von Bajan. Nun aber schnell nach Hause!

Kurz darauf kehren Wendy, Bianca, Jerry und Christian nach Rosenborg zurück. Dixie und Sultan sind dort auch schon eingetroffen.

Vanessa ist sehr froh, dass Christian wieder bei Bewusstsein ist.

Doch er muss erst einmal zum Arzt. Unterwegs fasst Christian einen Entschluss: Er wird nie wieder Pferde erschrecken!

Überleg mal!

1. Auf welchem Pferd reitet Bianca?

K: King

R: Prinz

S: Fürst

---

2. Wer will Wendy, Bianca und Jerry in eine Falle locken?

I: Vanessa

O: Sina

U: Juana

---

3. Wer fällt vom Pferd?

D: Bianca

F: Vanessa

H: Christian

4. Welche Pferde laufen ohne
   ihre Reiter nach Hause?

   A: Prinz und Bajan
   P: Dixie und Prinz
   E: Dixie und Sultan

5. Wie heißt das Pferd
   von Vanessa?

   M: Tarik
   N: Tarzan
   O: Taifun

Trage die Lösungsbuchstaben hier ein.
Sie verraten dir einen Gegenstand,
der den Kopf beim Reiten schützt.

	E		T			L	
1	2		3	4		5	

Liebe Eltern!

Lesekompetenz gehört zu den wichtigsten Grundlagen für den Schulerfolg und die Bildung von Kindern. Aber das Lesen soll auch Spaß machen! Mit ein paar einfachen Tipps können Sie die Motivation Ihres Kindes steigern und den Prozess des Lesenlernens Schritt für Schritt begleiten.

Die Wendy-Bücher für Erstleser helfen Ihnen dabei. Sie bieten spannende Geschichten zum Selberlesen, kindgerechte Erklärungen zu schwierigen Begriffen und unterhaltsame Leserätsel am Ende jeder Geschichte, mit denen Ihr Kind selbstständig sein Verständnis überprüfen kann.

10 Tipps und Tricks fürs Lesenlernen

1. Übung macht den Meister

Motivieren Sie Ihr Kind zum täglichen Lesen. Regelmäßiges Üben in kleinen Einheiten führt zum großen Lese-Erfolg!

2. Gemeinsame Rituale

Lassen Sie das gemeinsame Lesen zu einem kleinen Ritual werden, auf das sich das Kind besonders freut. Eine gemütliche Leseecke und eine Tasse Kakao verknüpfen den Lese-Erfolg mit einem Wohlgefühl.

3. Der gute Einstieg

Um den Einstieg zu erleichtern, beginnen Sie damit, die Geschichte vorzulesen. Nach dem ersten Abschnitt übernimmt das Kind. Indem es Ihnen zuhört, lernt es gleichzeitig die richtigen Betonungen.

4. Das richtige Tempo

Viele Kinder lesen zu schnell und lassen dabei Wörter aus. Achten Sie auf ein angemessenes Lesetempo und ermuntern Sie Ihr Kind zum konzentrierten Lesen und Vorlesen.

5. Immer mit Geduld

Das Lesenlernen geht oft in vielen kleinen Schritten voran. Fehler sind ganz normal. Nehmen Sie Ihrem Kind beim Vorlesen die richtige Lösung nicht vorweg, sondern lassen Sie ihm das Gefühl eigenständig etwas „geschafft" zu haben.

6. Lieber loben

Gerade am Anfang brauchen Kinder einen Ansporn, um weiterüben zu wollen. Ermahnungen schaden der Konzentration und Motivation. Eine kleine Belohnung wirkt oft Wunder.

7. Überall lesen

Lesen kann man überall. Und es müssen nicht immer Bücher sein. Bauen Sie das Lesen in Ihr tägliches Leben ein.

Ob Marmeladen-Etikett oder Straßenschild – motivieren Sie Ihr Kind zum spontanen Vorlesen!

8. Lesen und spielen

Verbinden Sie die Leseeinheiten mit kleinen Spielen: Lassen Sie Ihr Kind im Anschluss ein Lesezeichen zur Geschichte malen oder spinnen Sie gemeinsam die Geschichte aus dem Buch weiter.

9. Erstleser-Ecke

Schaffen Sie einen Platz im Regal, der ausschließlich den Büchern vorbehalten ist, die Ihr Kind selber gelesen hat. So hat das Kind seine Erfolge direkt vor Augen.

10. Lesen Sie selbst!

Gehen Sie als gutes Vorbild voran: Greifen Sie öfter zu Buch und Zeitung und zeigen Sie Ihrem Kind, wie viel Spaß auch Ihnen das Lesen macht.

Inhalt